키즈아이콘은 아이들의 꿈과
생각을 키우는 신나고 재미있는
책을 만듭니다.

2019년 8월 13일 초판 1쇄 발행 | 2025년 3월 20일 초판 6쇄 발행

발행인 최종일 **발행처** (주)아이코닉스 **기획** 키즈아이콘
구성 김영익 **글** (주)아이코닉스 **그림** (주)스튜디오 게일
총괄책임 서현수 **편집책임** 박정은 **편집** 장보원 조윤수 김예진 이유진 **디자인책임** 김미선 **디자인** 이순영 권혜원 경희정
제작관리 신초희 **제작관리** 이수란 김미래 김세미 **마케팅책임** 김미경 **마케팅** 이창열 서연지 심동수 이경재 이미나 지승한 송호성
출판등록 2008년 11월 4일(제 2014-000009호) **주소** 경기도 성남시 분당구 판교로 255번길 64
고객센터 1566-0855 **홈페이지** www.iconix.co.kr
꼬마버스 타요 ⓒICONIX/EBS/SEOUL

⚠ 다칠 우려가 있으니 제품을 던지거나 밟지 마십시오.
⚠ 종이에 베이거나 긁히지 않도록 주의하시고, 특히 제품의 모서리에 다치지 않도록 주의하십시오.
※ 이 책은 독점 판권 업체인 (주)아이코닉스에 의해 제작되었으며 무단 전재와 복제를 금합니다.
※ 잘못된 제품은 구입 후 10일 이내 구입처에서 교환하여 드립니다.
※ 제품에 자체 결함이 있을 시 무상 A/S 보증 기간은 구입 후 3개월입니다. 단, 소비자의 부주의로 인한 파손이나 손해는 보상되지 않습니다.

타요의 새 친구

키즈아이콘

햇살 좋은 오후,
타요는 혼자 차고지에 남아 있어요.
"날씨도 좋은데, 웬 고장이람……."
같이 놀 친구가 없어 심심해진 타요는
하늘을 향해 소리쳤어요.

"너무 심심해!"
120

그때 새 한 마리가 차고지로 날아들었어요.
"안녕? 난 타요야. 넌 이름이 뭐니?
짹짹거리니까 앞으로 짹짹이라고 부를게!"

타요는 새 친구 짹짹이와
즐거운 시간을 보냈어요.

다음 날, 기분 좋게 운행을 나서는 타요를 짹짹이가 따라왔어요.
"좋아, 오늘은 짹짹이랑 같이 가 볼까?"

쩩쩩이와 타요가 정류장에 도착했어요.
"자, 어서 타세요."
그런데 쩩쩩이가 차에 타려는 손님들을 부리로 콕콕 쪼았어요.
"쩩쩩아, 왜 그래? 그러지 마!"
깜짝 놀란 타요가 쩩쩩이를 말렸지만 소용이 없었어요.

서둘러 차고지로 돌아온 타요는 하나를 찾아갔어요.
타요의 이야기를 들은 하나는 쨱쨱이와 타요를 여기저기 살펴보았어요.
"타요, 여기에 새 둥지가 있어!"
"둥지요?"

하나는 새 박사님을 불렀어요.
둥지를 보던 새 박사님은 깜짝 놀라 소리쳤어요.
"쩍쩍이는 멸종 위기에 처한 새인데 둥지에 알을 낳았구나!"
새 박사님은 알이 부화할 때까지
움직이지 말아 달라고 타요에게 부탁했어요.

그래서 타요는 꼼짝 못 하고
차고지에만 있게 되었어요.
"혼자 있으니까 심심해."

타요는 마침 차고지 앞을 지나가던 피넛과 가니를 불렀어요.
"얘들아, 여기서 같이 놀자! 응?"
그러자 피넛과 가니가 난감해하며 대답했어요.
"미안해, 타요. 우린 남산 축제에 가기로 했어."
타요는 혼자만 축제에 갈 수 없어 무척 속상했어요.

그 후로도 타요는 둥지 때문에 아무것도 할 수 없었어요.

"하하하, 타요 네 얼굴 좀 봐!"
로기가 한동안 씻지 못해 지저분해진 타요를 놀렸어요.

화가 난 타요는 쨱쨱이를 향해 소리쳤어요.
"이게 다 쨱쨱이 너 때문이야!"

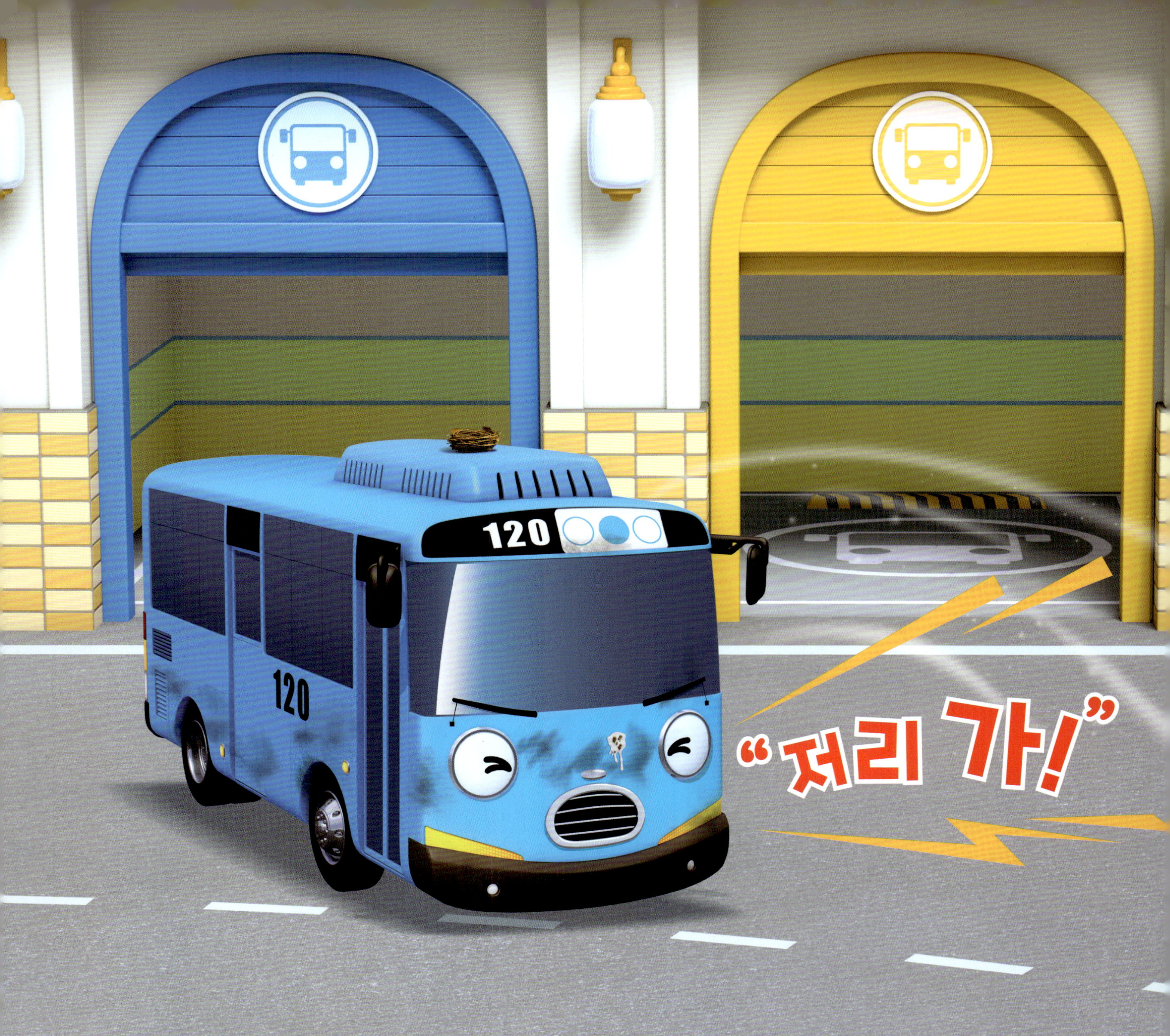

그러자 짹짹이도 화가 나서 타요의 얼굴에 똥을 쌌어요.
“으아! 똥이잖아. 더러워!”

"다시는 여기 오지 마!"
타요의 고함 소리에 짹짹이는 멀리 날아가 버렸어요.

해가 질 무렵에도
짹짹이는 차고지로 돌아오지 않았어요.

타요는 짹짹이가 걱정되기 시작했어요.
"짹짹이가 왜 안 오지?
내가 너무 심했나?"

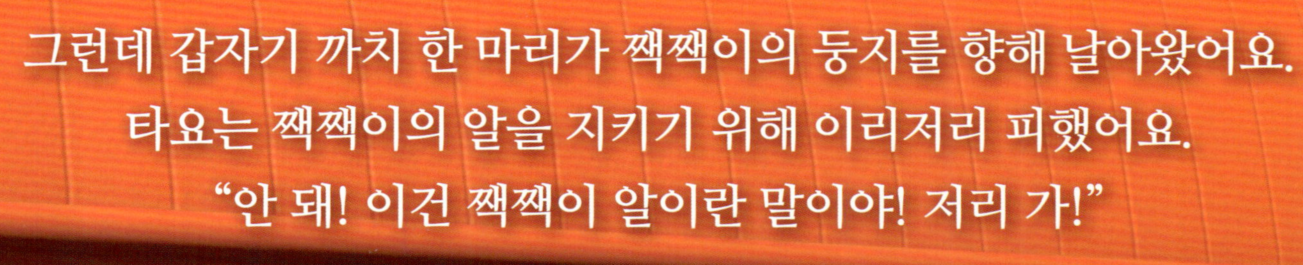

그런데 갑자기 까치 한 마리가 쨱쨱이의 둥지를 향해 날아왔어요.
타요는 쨱쨱이의 알을 지키기 위해 이리저리 피했어요.
"안 돼! 이건 쨱쨱이 알이란 말이야! 저리 가!"

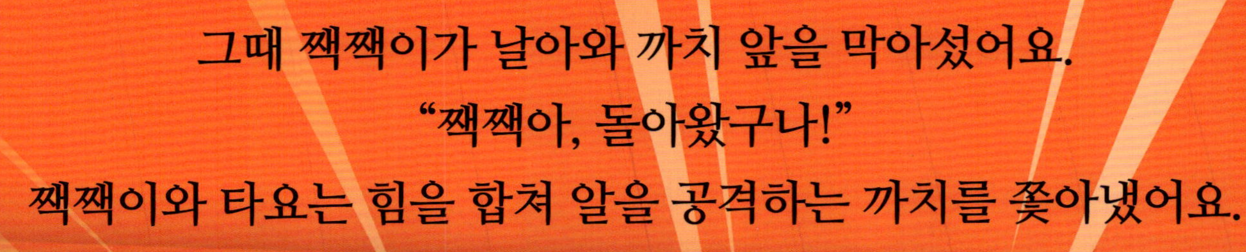

그때 쨱쨱이가 날아와 까치 앞을 막아섰어요.
"쨱쨱아, 돌아왔구나!"
쨱쨱이와 타요는 힘을 합쳐 알을 공격하는 까치를 쫓아냈어요.

"와, 우리가 해냈어!
아까는 심하게 말해서 미안해."
타요는 짹짹이에게 사과했고,
둘은 다시 사이좋은 친구가 되었어요.

다음 날 하나는 짹짹이의 알이
다치지 않게 조심조심
타요를 씻겨 주었어요.

"하, 기분 좋다!"

"시원하지, 타요?"

쨱쨱이도 신이 나서 타요와 하나 주변을 뱅글뱅글 돌았어요.

며칠 뒤 새벽, 타요는 귀여운 아기 새들의 울음소리에 잠이 깼어요.
"드디어 아기 새들이 태어났어요!"
타요는 기뻐하며 큰 소리로 소식을 알렸어요.

차고지의 꼬마 버스들이
모두 달려와 아기 새를 신기한 듯
바라보았어요.
"우아, 정말 귀엽다!"
"축하해, 짹짹아!"

새 박사님이 아기 새의 건강을 확인하러 오셨어요.
"타요, 네가 둥지를 지켜 준 덕분에 아기 새들이 건강하게 태어났어.
이제 짹짹이와 아기 새들을 숲으로 보내 주자."

타요는 슬펐지만 쨱쨱이와
아기 새들이 숲에서 안전하게
살 수 있도록 보내 주기로 했어요.
"쨱쨱아, 잘 지내.
우리 꼭 다시 만나자!"

며칠이 지나고, 꼬마 버스들은
쨱쨱이와 아기 새들을 만나러 숲으로 갔어요.
"쨱쨱아, 잘 지냈지? 와, 아기 새들도 많이 컸네!"
쨱쨱이와 아기 새들은 타요를 반갑게 맞이해 주었어요.

1000
1339
1339
02
02

"와, 아기 새들이 타요를 알아보나 봐!"
그때 로기가 심술궂게 말했어요.
"흥! 새들이 그런 걸 어떻게 알아?"
그러자 짹짹이가 로기의 얼굴에 똥을 싸고 달아났어요.
"앗! 짹짹이 너, 거기 서!"

타요는 아기 새들과 행복하게 살고 있는
쨱쨱이를 보며 정말 기뻤습니다.
"앞으로도 자주 놀러 올게, 쨱쨱아!"